Publicat per Liberum Vox Books Ltd

Projecte i realització: Liberum Vox Books
Text i il·lustracions: Judit Franch
Traducció del castellà al català: Marina Roig

© 2015 per a l'edició en català Liberum Vox Books ltd
www.liberumvoxbooks.com

Primera edición
ISBN: 978-1-910650-04-2

Tots els drets reservats. Cap part d'aquesta publicació pot ser reproduïda, emmagatzemada o transmesa de cap manera ni mitjà, sense l'autorització prèvia de l'editor.

La mare i el pare somien amb una cuca de llum

Judit Franch

Liberum Vox
BOOKS

*Per a totes les
cuques de llum
que il·luminen
els cors de la
mare i el pare*

I una nit...
La mare va tenir un somni.
I el pare també va tenir-ne un...

Pel matí, la mare es va despertar molt contenta i li va dir al pare:
—Saps què he somiat?
I el pare li va respondre:
—En una cuca de llum que vol convertir-se en un nadó!
—Hem tingut el mateix somni!— va dir la mare rient d'alegria.

—Em sembla que ha arribat el moment que siguem una mare i un pare— va afegir el pare amb un gran somriure de felicitat.

I és així com la
mare i el pare
van començar
totes les nits
a acaronar-se
amorosament
per tal que la
cuca de llum es
convertís en un
nadó.

Però les nits passaven i passaven…

Van passar totes les nits
d'un mes, dos mesos,
tres mesos...
I va acabar l'hivern.
Va arribar la primavera
i els hi van sortir fulles als
arbres...
Van passar totes les nits de
primavera...
Va arribar l'estiu... —la mare i el pare es
van banyar dins el mar i a la piscina—.
Van passar totes les nits d'estiu.
Però la cuca de llum seguia sense
convertir-se en un nadó dins la
panxa de la mare.

I així va passar també
la tardor, amb les fulles
caient dels arbres....

Fins que va arribar de nou
l'hivern.

La mare i el pare estaven preocupats perquè no entenien què succeïa...

Llavors van decidir anar al metge.

Aquest els hi va dir que no s'havien de preocupar per res.

Per a que una cuca de llum es fiqui dins la panxa de la mare es necessita molt de temps i mooolta paciència.

Els hi va explicar que per a fer un nadó calia unir dues parts: una que es diu òvul (procedent de les dones) i una altra que es diu espermatozoide (procedent dels homes).

I, a vegades, tot i que la mare i el pare s'estimin fins l'infinit, les carícies especials no funcionen i l'òvul i l'espermatozoide no es volen unir.

Va afegir que no es preocupessin perquè hi havia moltes maneres per fer que la cuca de llum es fiqués dins la panxa de la mare. També els hi va explicar que si fos necessari existia el Banc de donants d'òvuls i espermatozoides on trobarien els adequats per a la cuca de llum tan insistent.

La mare i el pare es van mirar sorpresos al metge per tot el que arribava a saber i al mateix temps van preguntar:

Era el doctor que avisava a la mare i al pare
que tenia els resultats de les anàlisis.
Les anàlisis mostraven que la panxa de
la mare estava en perfectes condicions
per a que una cuca de llum s'hi allotgés.

Però, que els òvuls
de la mare i els
espermatozoides
del pare eren tan
despistats que
no havia manera
que s'unissin.
No obstant, al
Banc de semen
i d'òvuls hi havia uns
especials per a ells.

Els cors de la mare
i el pare van donar
un salt d'alegria.

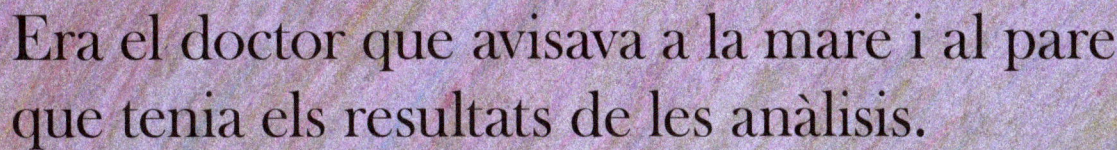

Ring!
Ring!

Llavors la mare i el pare van anar una altra vegada a visitar al doctor. Aquest els hi va explicar que hi havia diversos mètodes per a unir un òvul amb un espermatozoide.
A això ho anomenem fecundació.

D'aquesta unió es forma un zigot que s'allotja a la panxa de las mares, on creix durant nou llargs mesos...

Fins que neix un nadó!

I què va passar amb la cuca de llum?

... el que va passar és que la cuca de llum es va sentir tan còmode dins la panxa de la mare que va créixer durant... nou mesos!

I passats nou mesos, quan ja no podia seguir creixent dins la panxa de la mare...

Fi

www.ingramcontent.com/pod-product-compliance
Lightning Source LLC
Chambersburg PA
CBHW042359280426
43661CB00096B/1162